Impressum
Verlag: BABADADA GmbH, Nedderfeld 112 , 22529 Hamburg
Geschäftsführer / Verlagsleitung: Harald Hof
Druck: Books on Demand GmbH, In de Tarpen 42, 22848 Norderstedt

Imprint
Publisher: BABADADA GmbH, Nedderfeld 112 , 22529 Hamburg, Germany
Managing Director / Publishing direction: Harald Hof
Print: Books on Demand GmbH, In de Tarpen 42, 22848 Norderstedt, Germany

escuela
المدرسة

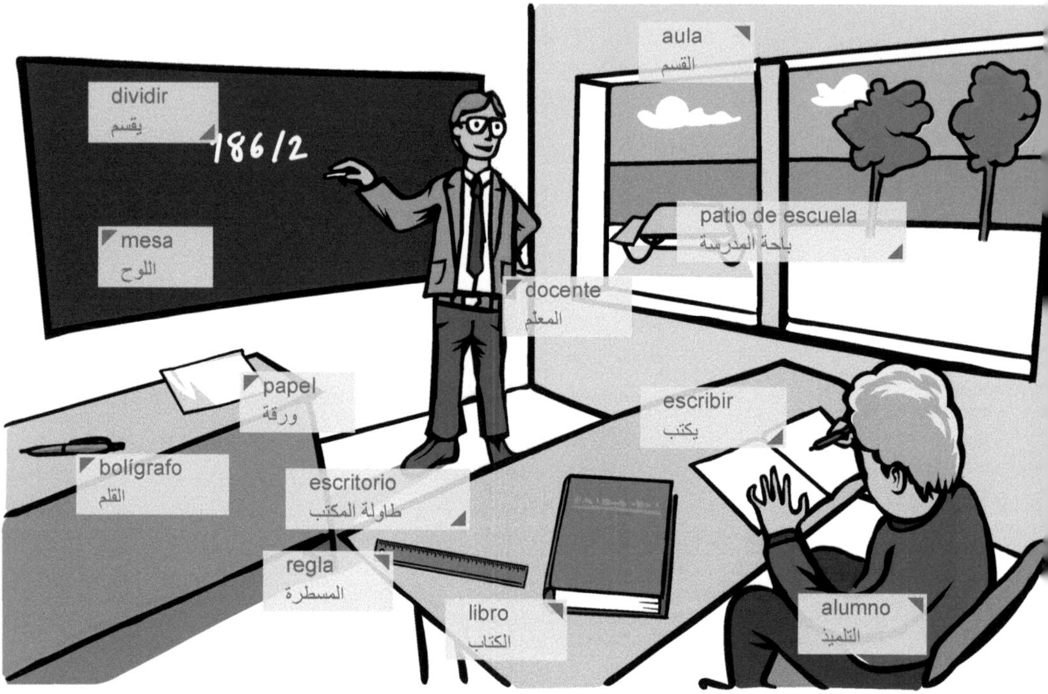

aula
القسم
dividir
يقسم
186/2
mesa
اللوح
patio de escuela
باحة المدرسة
docente
المعلّم
papel
ورقة
escribir
يكتب
bolígrafo
القلم
escritorio
طاولة المكتب
regla
المسطرة
libro
الكتاب
alumno
التلميذ

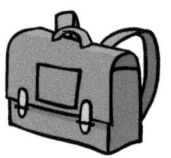

mochila escolar
الحقيبة المدرسية

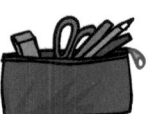

caja de lápices
المقلمة

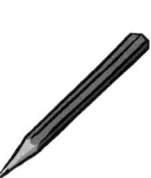

lápiz
قلم الرصاص

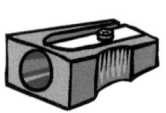

sacapuntas
البرّاية

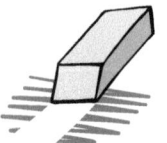

goma de borrar
المِمحاة

bloc de dibujo
دفتر الرسم

dibujo

الرسمة

pincel

الفرشاة

caja de pinturas

علبة التلوين

tijera

المقص

pegamento

المادة اللاصقة

libro de ejercicios

دفتر التمارين

tarea

الواجب المدرسي

número

الرقم

sumar

يجمع

restar

يطرح

multiplicar

يضرب

calcular

يحسب

letra

الحرف

alfabeto

الأبجدية

palabra

كلمة

texto

النص

leer

يقرأ

tiza

الطبشور

lección

الحصة

libro de clase

دفتر الدوام المدرسي

examen

الامتحان

certificado

شهادة

uniforme escolar

اللباس المدرسي

educación

التعليم

enciclopedia

الموسوعة

universidad

الجامعة

microscopio

المِجهر

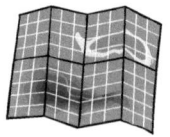

mapa

الخريطة

cesto de papeles

قماما

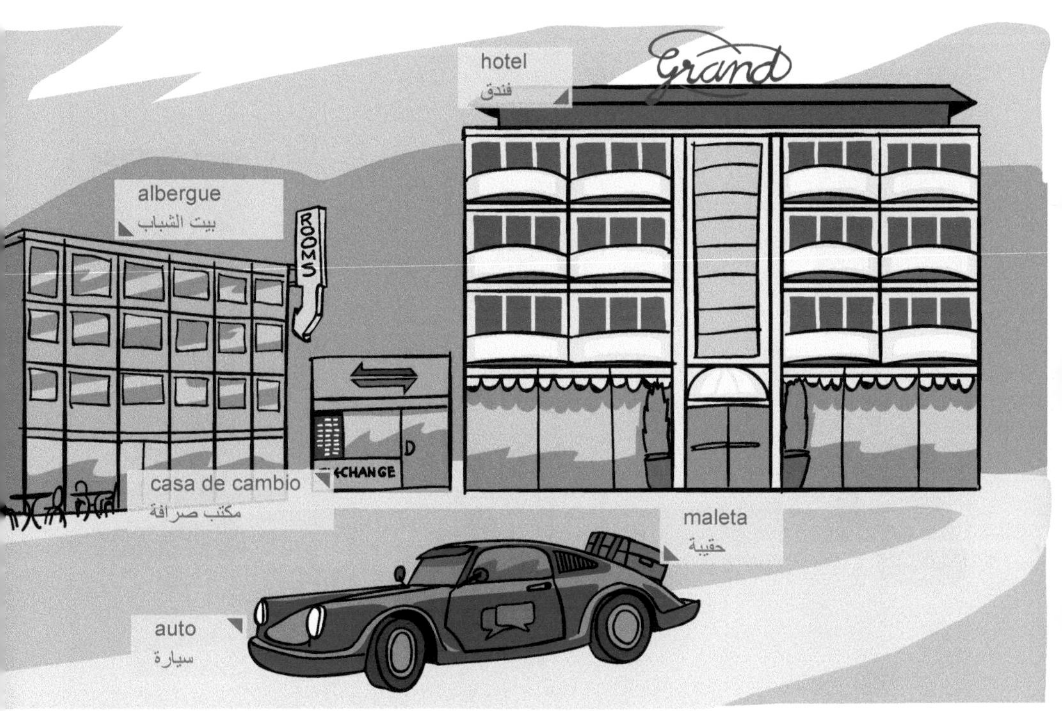
hotel
فندق
Grand
albergue
بيت الشباب
ROOMS
casa de cambio
مكتب صرافة
EXCHANGE
maleta
حقيبة
auto
سيارة

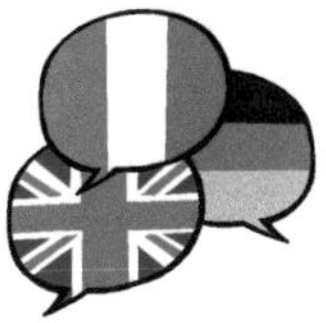

idioma

اللغة

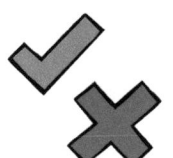

sí / no

نعم / لا

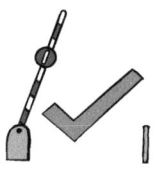

ok

حسناً

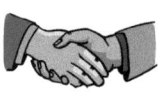

hola

مرحباً

intérprete

مترجم

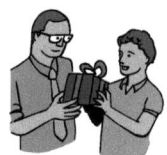

gracias

شكراً

¿Cuánto cuesta…?

كم ثمن … ؟

No entiendo

لا أفهم

problema

مشكلة

¡Buenas tardes!

مساء الخير

¡Buenos días!

صباح الخير!

¡Buenas noches!

ليلة سعيدة

adiós

إلى اللقاء

dirección

اتجاه

equipaje

أمتعة السفر

bolso

حقيبة

mochila

حقيبة ظهر

invitado

ضيف

cuarto

غرفة

saco de dormir

كيس للنوم

tienda de campaña

خيمة

información al turista

استعلامات سياحية

playa

شاطئ

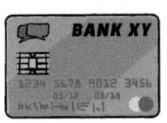

tarjeta de crédito

بطاقة ائتمان

desayuno

إفطار

almuerzo

طعام الغداء

cena

العشاء

pasaje

بطاقة سفر

ascensor

مصعد

sello

طابع بريدي

límite

حدود

aduana

الجمارك

embajada

سفارة

visa

تأشيرة

pasaporte

جواز سفر

transporte
نقل

avión
طائرة
barco
سفينة
coche de bomberos
سيارة إطفاء
bus
حافلة
camión
سيارة شاحنة
lancha a motor
زورق آلي
bicicleta
درّاجة
auto
سيارة

balsa
عبارة

lancha
قارب

motocicleta
دراجة نارية

auto de policía
سيارة شرطة

auto de carreras
سيارة سباق

auto de alquiler
سيارة مستأجرة

alquiler de autos

أسلوب تشاركي في استئجار السيار

grúa

سيارة للجر

vehículo recolector de basura

سيارة نقل القمامة

motor

محرك

gasolina

وقود

gasolinera

محطة وقود

señal de tráfico

إشارة مرور

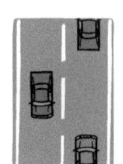

tránsito

حركة السير

atasco

ازدحام سير

estacionamiento

موقف سيارات

estación de tren

محطة قطار

carril

سكك حديدية

tren

قطار

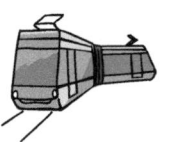

tranvía

ترام

vagón

عربة قطار

helicóptero

طائرة مروحية

aeropuerto

مطار

torre

برج

pasajero

مسافر

contenedor

حاوية

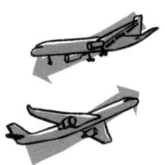

caja de cartón

علبة كرتون

carro

عربة يد

cesta

سلة

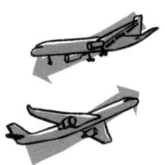

despegar / aterrizar

يقلع / يهبط

ciudad

مدينة

aldea

قرية

centro de la ciudad

مركز المدينة

casa

بيت

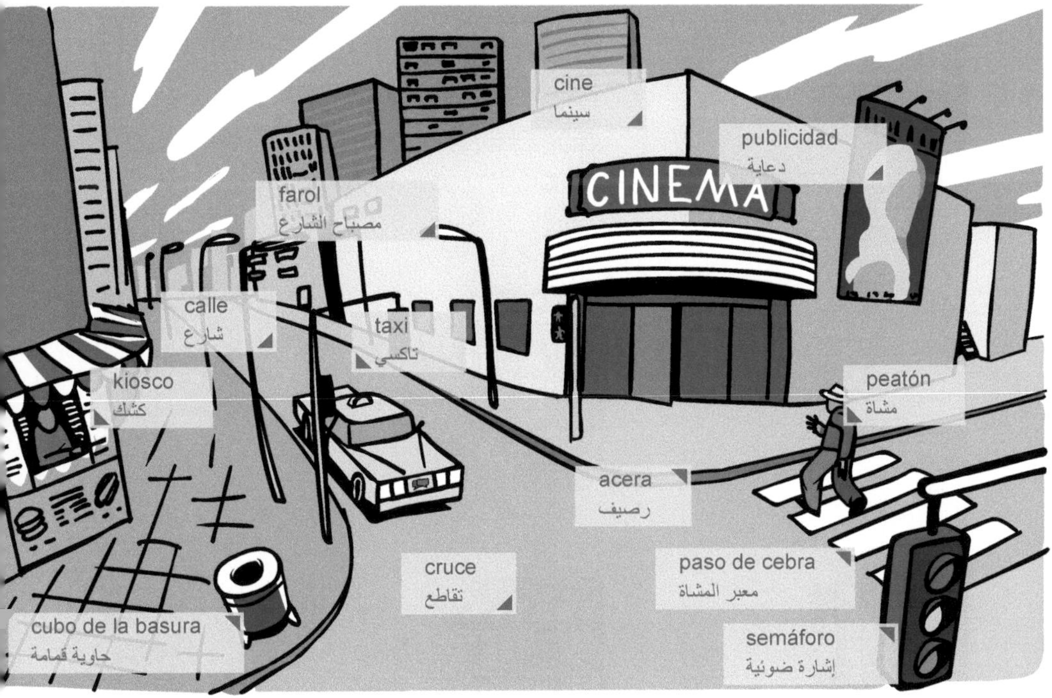

cine
سينما

publicidad
دعاية

farol
مصباح الشارع

calle
شارع

taxi
تاكسي

kiosco
كشك

peatón
مشاة

acera
رصيف

cruce
تقاطع

paso de cebra
معبر المشاة

cubo de la basura
حاوية قمامة

semáforo
إشارة ضوئية

cabaña
....
كوخ

apartamento
....
شقة

estación de tren
....
محطة قطار

ayuntamiento
....
دار البلدية

museo
....
متحف

escuela
....
المدرسة

universidad

الجامعة

banco

مصرف

hospital

المستشفى

hotel

فندق

farmacia

صيدلية

oficina

مكتب

librería

مكتبة

negocio

متجر

florería

محل لبيع الزهور

supermercado

سوبرماركت

mercado

سوق

grandes almacenes

متجر كبير

pescadería

تاجر السمك

centro comercial

مركز تسوّق

puerto

ميناء

parque

حديقة عامة

banco

مقعد

puente

جسر

escalera

درج، سلم

metro

مترو

túnel

نفق

parada de autobuses

موقف حافلات

bar

بار

restaurante

مطعم

buzón de correo

صندوق البريد

letrero

لافتة باسم الشارع

parquímetro

مقياس زمن الوقوف

zoológico

حديقة حيوانات

piscina

مسبح

mezquita

مسجد

granja

مزرعة

polución

تلوث البيئة

cementerio

مقبرة

iglesia

كنيسة

parque infantil

ملعب الأطفال

templo

معبد

paisaje
طبيعة ريفية

hoja — ورقة

indicador de camino — علامة إرشاد

sendero — طريق

pradera — مرج

piedra — حجر

árbol — شجرة

caminante — رحالة

río — نهر

pasto — عشب

flor — زهرة

valle

وادٍ

montaña

جبل

lago

بحيرة

bosque

غابة

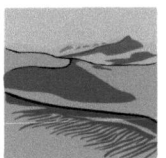

desierto

صحراء

volcán

بركان

castillo

قلعة

arco iris

قوس قزح

seta

فِطر

palmera

نخلة

mosquito

بعوض

mosca

ذبّانة

hormiga

نملة

abeja

نحلة

araña

عنكبوت

escarabajo

خنفساء

rana

ضفدعة

ardilla

سنجاب

erizo

قنفذ

liebre

أرنب

lechuza

بومة

pájaro

عصفور

cisne

بجعة

jabalí

خنزير برّي

ciervo

غزال

alce

إلكة

embalse

سد

aerogenerador

دولاب الطاحونة الهوائية

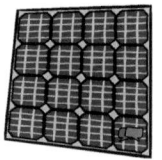

módulo solar

خلية شمسية

clima

مناخ

restaurante

مطعم

camarero
نادل
carta del menú
لائحة الطعام
silla
كرسي
sopa
حساء
pizza
بيتزا
cubiertos
أدوات المائدة
mantel
غطاء المائدة

entrada

مقبلات

plato principal

الصحن الرئيسي

postre

حلوى أو فاكهة بعد الطعام

bebida

مشروبات

comida

طعام

botella

زجاجة

comida rápida

وجبات سريعة

comida callejera

طعام الشارع

tetera

إبريق الشاي

azucarera

علبة السكر

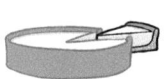

porción

حصّة

máquina de espresso

آلة الإسبريسو

silla alta

كرسي عالٍ

factura

فاتورة

bandeja

صينية

cuchillo

سكين

tenedor

شوكة

cuchara

ملعقة

cuchara de té

ملعقة الشاي

servilleta

منديل المائدة

vaso

كأس

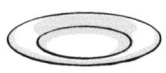

plato

صحن

plato de sopa

صحن الحساء

platillo

صحن الفنجان

salsa

صلصة

salero

مملحة

molinillo para pimienta

مطحنة الفلفل

vinagre

خلّ

aceite

زيت الطعام

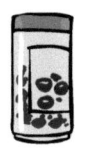

especias

توابل

ketchup

كتشاب

mostaza

خردل

mayonesa

مايونيز

supermercado

سوبرماركت

oferta
عرض خاص
cliente
زبون
productos lácteos
مشتقات الحليب
fruta
فواكه
carrito de compras
عربة تسوّق

carnicería

جزّار

panadería

مخبز

pesar

يزن

verdura

خضار

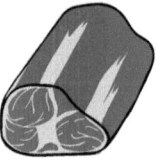

carne

لحم

alimentos congelados

المأكولات المجمّدة

fiambre

مرتدلا أو جبن

conservas

معلبات

detergente en polvo

مسحوق الغسيل

dulces

حلويات

artículos domésticos

المواد المنزلية

productos de limpieza

منظفات

vendedora

بائعة

caja

صندوق الحساب

cajero

أمين صندوق

lista de compras

قائمة المشتريات

horario de atención

أوقات العمل

cartera

محفظة النقود

tarjeta de crédito

بطاقة ائتمان

maleta

حقيبة

bolsa plástica

كيس بلاستيكي

bebida
مشروبات

agua

ماء

jugo

عصير

leche

حليب

refresco de cola

كولا

vino

نبيذ

cerveza

بيرة

alcohol

كحول

cacao

كاكاو

té

شاي

café

قهوة

espresso

قهوة إسبريسو

cappuccino

كابوتشينو

banana

موزة

manzana

تفاح

naranja

برتقال

sandía

بطيخ

limón

ليمون

zanahoria

جزرة

ajo

ثوم

bambú

خيزران

cebolla

بصل

seta

فِطر

nueces

لوزيات

fideos

شعيرية

espagueti

سباغيتي

arroz

أرزّ

ensalada

سلطة

patatas fritas

بطاطا مقلية

patatas salteadas

بطاطا مقلية

pizza

بيتزا

hamburguesa

هامبورغر

sándwich

ساندويش

escalope

شريحة لحم مقلية

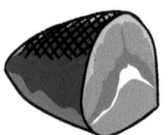

jamón

لحم خنزير

salame

سلامي

embutido

سجق

pollo

دجاج

asado

لحم محمر

pescado

سمك

copos de avena

دقيق الشوفان

musli

موسلي

copos de maíz tostado

كورن فلكس

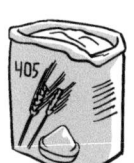

harina

طحين

croissant

كرواسان

panecillo

خبز صغير

pan

خبز

tostada

خبز محمص

galletas

بسكويت

mantequilla

زبدة

cuajada

لبن زبادي

pastel

كعكة

huevo

بيضة

huevo frito

بيض مقلي

queso

جبنة

helado

مثلجات

azúcar

سكر

miel

عسل

mermelada

مربّى الفاكهة

praliné

كريم النوغا

curry

الكاري

granja
مزرعة

casa de labranza
بيت الفلاح
pajar
مخزن غلال
paca de paja
رزمة من التبن
campo
حقل
caballo
حصان
remolque
مقطورة
tractor
جرار
potro
مهر
asno
حمار
oveja
خروف
cordero
خروف

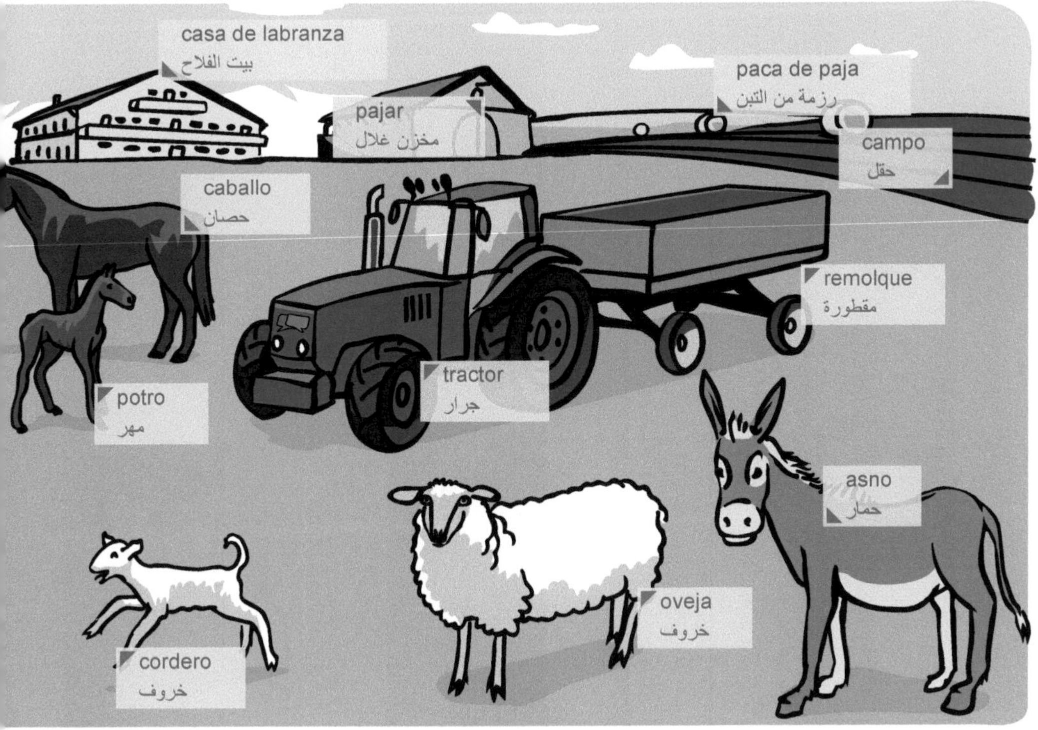

cabra

ماعز

vaca

بقرة

ternero

عجل

cerdo

خنزير

lechón

خنزير صغير

toro

ثور

ganso

إوزّة

pato

بطة

polluelo

صوص

pollo

دجاجة

gallo

ديك

rata

جرذ

gato

قطة

ratón

فأر

buey

ثور

perro

كلب

caseta del perro

كوخ الكلب

manguera de riego

خرطوم الحديقة

regadera

إبريق

guadaña

منجل

arado

المحراث

hoz

منجل

azada

معزقة

bieldo

مذراة الزبل

hacha

بلطة

carretilla

عربة يد

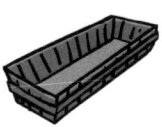

abrevadero

معلف

lechera

صفيحة الحليب

saco

كيس

cerca

سياج

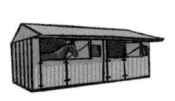

establo

اصطبل

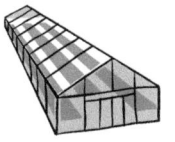

invernadero

دفيئة

suelo

تربة

semilla

بذور

fertilizante

سماد

cosechadora

حصّادة درّاسة

cosechar

يحصد

cosecha

محصول

raíz de ñame

بطاطا يامس

trigo

قمح

soja

صويا

patata

بطاطا

maíz

ذرة

colza

سلجم

Árbol frutal

شجرة فاكهة

mandioca

نبات منيهوت

cereales

الحبوب

casa

بيت

chimenea
مدخنة
techo
سقف
canalón
مزراب
ventana
نافذة
timbre
جرس الباب
garaje
مرآب
puerta
باب
cubo de la basura
قماما
buzón de correo
صندوق البريد
jardín
حديقة

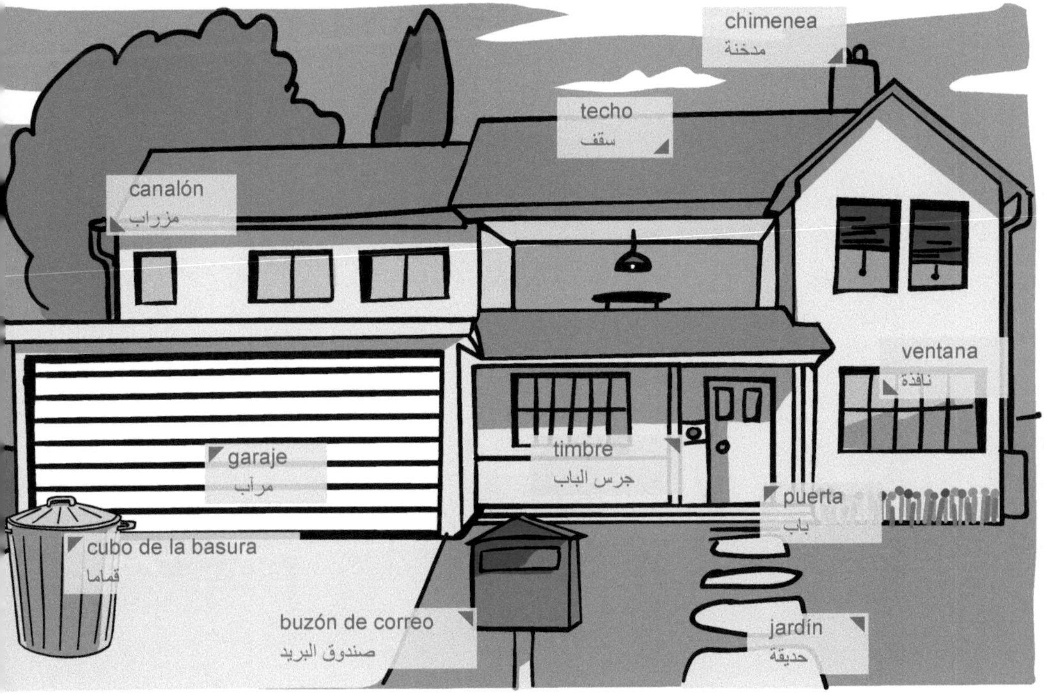

cuarto de estar

غرفة جلوس

cuarto de baño

الحمّام

cocina

مطبخ

dormitorio

غرفة النوم

cuarto de los niños

غرفة الأطفال

comedor

غرفة الطعام

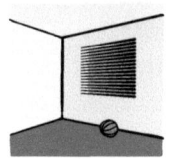

piso

أرضية

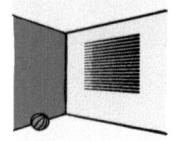

pared

حائط

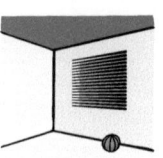

cielorraso

سقف

sótano

قبو

sauna

ساونا

balcón

بلكون

terraza

شرفة

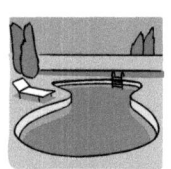

piscina

مسبح

cortacésped

جزّازة العشب

funda nórdica

بياضات السرير

edredón

بطانية

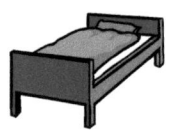

cama

سرير

escoba

مكنسة

cubo

سطل

interruptor

مفتاح كهربائي

cuarto de estar
غرفة جلوس

papel para empapelar
ورق جدران
imagen
صورة
lámpara
مصباح كهربائي
estante
رف
gabinete
خزانة
televisor
تلفزيون
hogar
موقد مفتوح
flor
زهرة
cojín
وسادة
sofá
كنبة
florero
مزهرية
control remoto
تحكم عن بعد

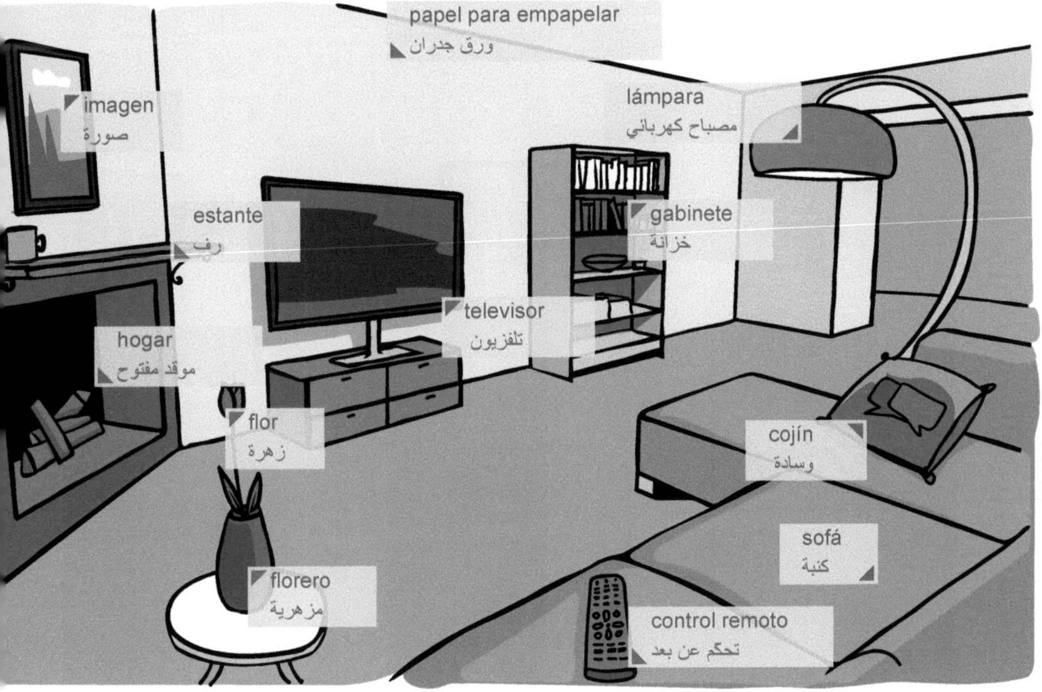

alfombra
بصاط

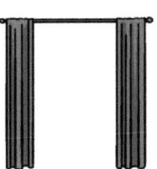

cortina
ستارة

mesa
طاولة

silla
كرسي

mecedora
كرسي هزّاز

sillón
كرسي ذو ذراعين

libro

الكتاب

frazada

بطانية

decoración

زخرفة

leña

الحطب

film

فيلم

equipo estereofónico

تجهيزات ستيريو

llave

مفتاح

periódico

جريدة

cuadro

لوحة مرسومة

póster

مُلصق

radio

راديو

bloc de notas

دفتر ملاحظات

aspiradora

المكنسة الكهربائية

cactus

صبّار

vela

شمعة

cocina

nevera
برّاد
horno microondas
ميكروويف
balanza de cocina
ميزان المطبخ
tostador
محمصة الخبز
detergente
منظفات
horno
فرن
congelador
ثلاجة
cubo de la basura
lavaplatos
جَلاية

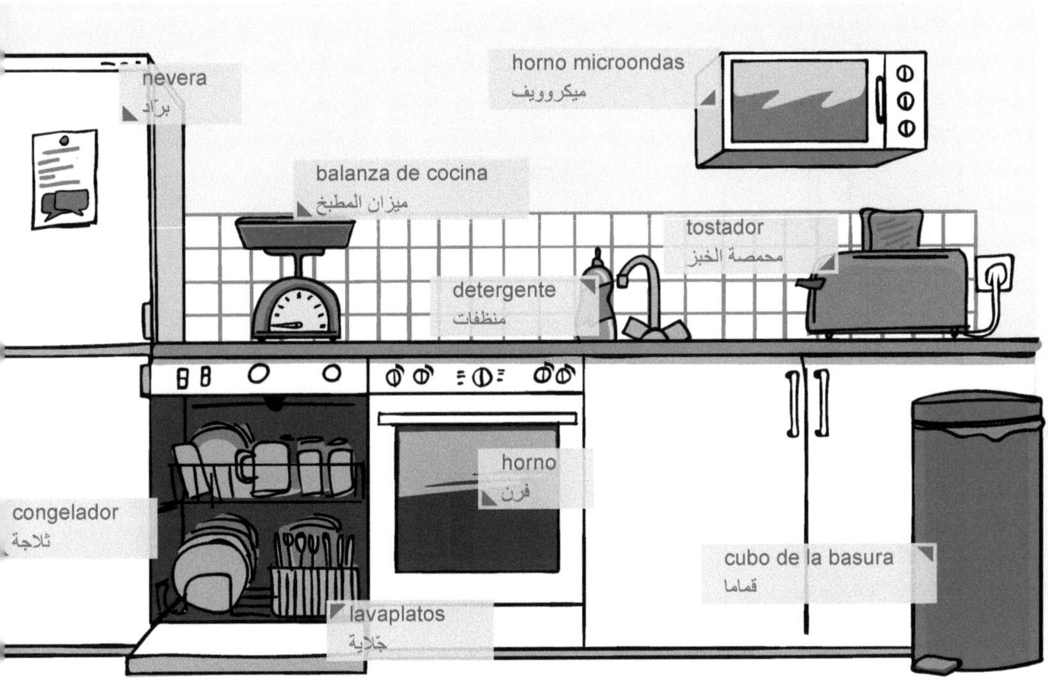

cocina

موقد

olla

قِدر

olla de fundición de hierro

وعاء من الحديد

wok / kadai

قدر صيني

sartén

مقلاة

hervidor de agua

غلاية

olla de vapor

قدر البخار

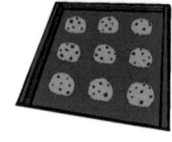

bandeja de horno

صينية

vajilla

أواني

vaso

فنجان

bol

صحن

palillos para comer

عيدان الأكل

cucharón de sopa

مغرفة

espátula

ملعقة منبسطة

batidor

خفاقة

colador

مصفاة

cedazo

مصفاة

rallador

مبشرة

mortero

هاون

parrillada

شواء

fogata

موقد

tabla de picar

لوح التقطيع

rodillo

نشّابة

sacacorchos

مفتاح الزجاجات

lata

علبة

abrelatas

مفتاح العلب المعدنية

agarrador

قماش الفرن

fregadero

مجلى

cepillo

فرشاة

esponja

إسفنج

batidora

خلاط

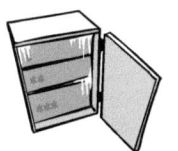

arcón congelador

مجمّدة

biberón

زجاجة الطفل

grifo

صنبور الماء

cuarto de baño

الحمّام

calefacción
تدفئة
toalla
منشفة
ducha
دوش
cortina para ducha
ستارة الدوش
baño de espuma
حمام رغوة
bañera
lavadora
غسّالة
vaso
كأس
grifo
صنبور الماء
baldosa
بلاط
orinal
قفازات مطاطية
fregadero
مجلى

cuarto de baño

حمام

placa turca

مرحاض القرفصاء

bidé

حوض التشطيف

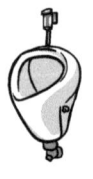

urinario

مبولة

papel higiénico

ورق المرحاض

escobilla para el cuarto de baño

فرشاة الحمام

cepillo de dientes

فرشاة الأسنان

pasta dentífrica

معجون الأسنان

seda dental

خيط حرير لتنظيف الأسنان

lavar

يغسل

ducha teléfono

رشاش ماء يدوي

ducha higiénica

شطاف

cuenco

حوض الغسيل

cepillo para la espalda

فرشاة الظهر

jabón

صابون

gel de ducha

جيل الدوش

champú

شامبو

manopla para baño

ممسحة

desagüe

مصرف للماء

crema

مرهم

desodorante

مزيل الروائح

espejo

مرآة

espejo de maquillaje

مرآة يد

máquina de afeitar

موس حلاقة

espuma de afeitar

رغوة الحلاقة

loción para después del afeitado

كولونيا

peine

مشط

cepillo

فرشاة

secador para cabello

سشوار

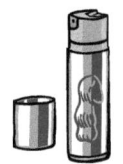

laca de peinado

مثبت للشعر

maquillaje

ماكياج

lápiz labial

روج

laca para uñas

طلاء أظافر

algodón

قطن

tijera para uñas

مقص أظافر

perfume

عطر

neceser

سلة الغسيل

taburete

مقعد صغير

balanza

ميزان

bata de baño

معطف الحمام

guantes de goma

قفازات مطاطية

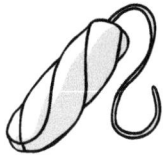

tampón

سدادة قطنية

compresa

منشفة صحية

wáter químico

تواليت كيميائية

cuarto de los niños

غرفة الأطفال

despertador
منبّه
animal de peluche
الحيوانات المحنطة
auto de juguete
سيارة لعبة
sonajero
خشخشة
casa de muñecas
بيت الدمى
obsequio
هدية

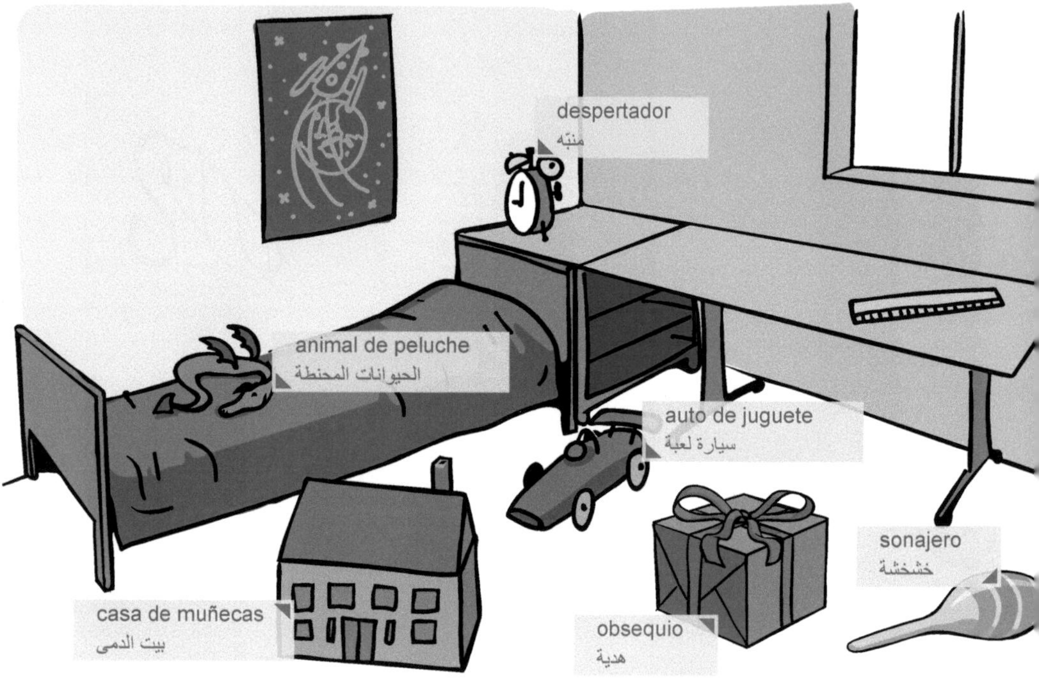

globo

بالون

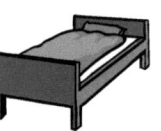

cama

سرير

cochecito para niños

عربة الأطفال

juego de barajas

لعبة الورق

rompecabezas

أحجية

cómic

رسوم هزلية

piezas de Lego

أحجار الليغو

bloques para jugar

حجارة تركيب

figura de acción

دمية بطل

pijama de una pieza

لباس الطفل

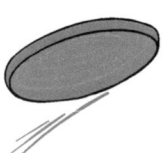

frisbee

فريسبي

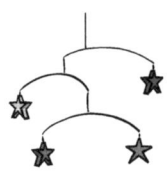

móvil

دمية معلقة

juego de mesa

لعبة الطاولة

dado

لعبة النرد

tren eléctrico a escala

لعبة قطار

chupete

مصّاصة

fiesta

حفلة

libro de dibujos

كتاب مصوّر

pelota

كرة

títere

دمية

jugar

يلعب

arenero

ملعب رملي للأطفال

columpio

أرجوحة

juguetes

لعبة

consola de videojuego

ألعاب فيديو

triciclo

دراجة ثلاثية

osito de peluche

دمية على شكل الدب

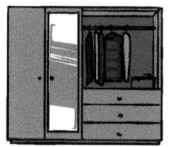

guardarropa

خزانة الثياب

vestimenta

ثياب

calcetines

جوارب قصيرة

medias

جوارب طويلة

panti

جورب بنطلون

chal
شال

cinturón
حزام

paraguas
شمسية

camiseta
تي شيرت

botas
حذاء شتوي

zapatilla
شبشب

deportivas
أحذية رياضية

sandalias
....
صندل

zapatos
....
حذاء

botas de goma
....
جزمة كاوتشوك

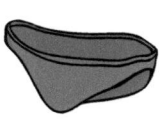

ropa interior
....
سروال داخلي

corpiño
....
صدّارة

camiseta
....
قميص داخلي

body

لباس ملاصق للجسم

pantalón

بنطلون

jeans

جينز

falda

تنورة

blusa

بلوزة

camisa

قميص

pullover

سترة قطنية

sweater

كنزة كم طويل

blazer

سترة فضفاضة

chaqueta

سترة

abrigo

معطف

impermeable

معطف مطري

traje chaqueta

زي - طقم نسائي

vestido

ثوب

vestido de bodas

ثوب الزفاف

traje

طقم

camisón

قميص نوم

pijama

بيجاما

sari

ساري

pañuelo de cabeza

حجاب

turbante

عمامة

burka

برقع

caftán

قفطان

abaya

عباءة

traje de baño

مايوه

bañador

سروال سباحة

shorts

شرت

chándal

بدلة رياضية

delantal

مئزر

guante

قفازات

botón

زر

gafa

نظّارة

brazalete

إسوارة

cadena

عقد

anillo

خاتم

aro

قرط

gorra

طاقيّة

percha

علاقة ثياب

sombrero

قبّعة

corbata

ربطة العنق

cierre a cremallera

سحّاب

casco

خوذة

tiradores

حمّالة البنطلون

uniforme escolar

اللباس المدرسي

uniforme

زي موحّد

babero

مريلة الأطفال

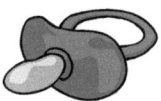

chupete

مصاصة

pañal

لفافة

oficina

مكتب

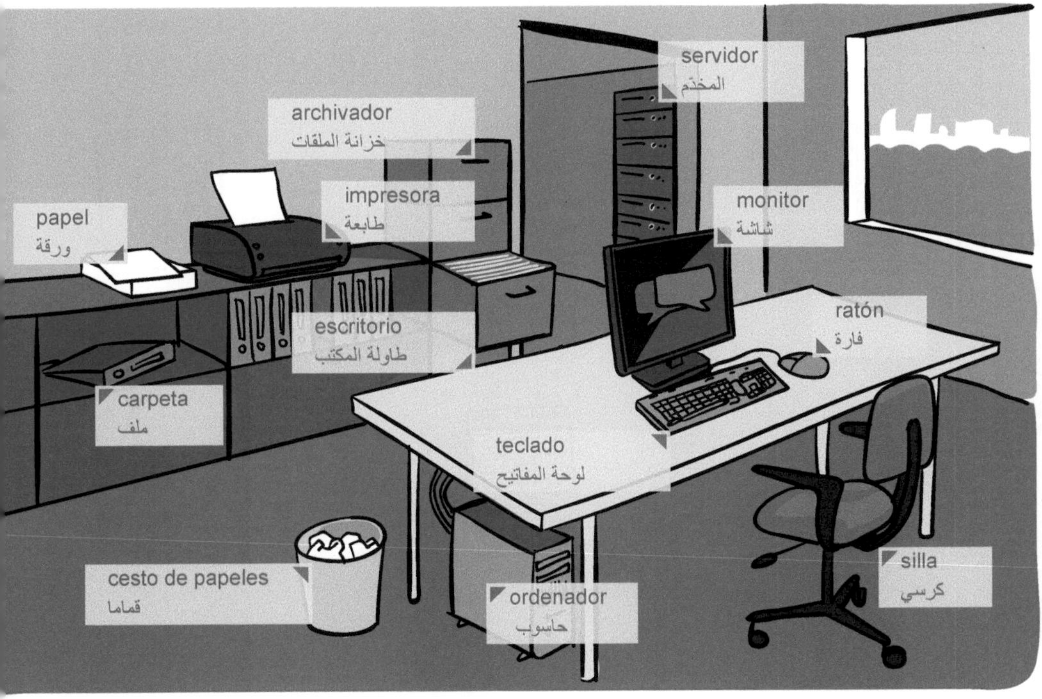

servidor
المخدّم

archivador
خزانة الملفات

impresora
طابعة

papel
ورقة

monitor
شاشة

ratón
فأرة

escritorio
طاولة المكتب

carpeta
ملف

teclado
لوحة المفاتيح

silla
كرسي

cesto de papeles
قماما

ordenador
حاسوب

taza de café

كأس من القهوة

calculadora

الآلة الحاسبة

internet

الإنترنت

laptop

الحاسوب المحمول

carta

رسالة

mensaje

خبر

teléfono móvil

الهاتف المحمول

red

شبكة

fotocopiadora

جهاز تصوير

software

البرمجيات

teléfono

هاتف

tomacorriente

مقبس كهربائي

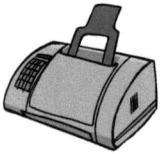

máquina de fax

فاكس

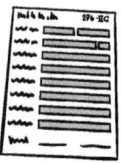

formulario

استمارة

documento

وثيقة

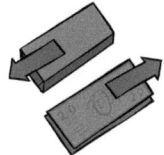

comprar

يشتري

pagar

يدفع

comerciar

يتاجر

dinero

مال

dólar

دولار

euro

يورو

yen

ين

rublo

روبل

franco

فرنك سويسري

renminbi

يوان

rupia

روبية

cajero automático

صرّاف آلي

casa de cambio

مكتب صرافة

oro

ذهب

plata

فضة

petróleo

نفط

energía

طاقة

precio

سعر

contrato

عقد

impuesto

ضريبة

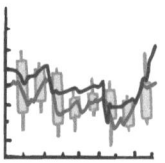

acción

سهم

trabajar

يعمل

empleado

موظف

empleador

رب العمل

fábrica

مصنع

negocio

متجر

ocupaciones

المِهَن

policía
الشرطي
bombero
رجل إطفاء
cocinero
طبّاخ
médico
الطبيب
piloto
طيّار

jardinero
بستاني

carpintero
نجّار

costurera
خيّاطة

juez
قاض

químico
كيميائي

actor
ممثل

conductor de autobús

سائق حافلة

taxista

سائق تاكسي

pescador

صياد سمك

mujer de la limpieza

أجيرة للتنظيف

techista

بنّاء سقف

camarero

نادل

cazador

صيّاد

pintor

رسّام

panadero

خباز

electricista

كهربائي

albañil

عامل بناء

ingeniero

مهندس

carnicero

لحّام

fontanero

سمكري

cartero

ساعي البريد

soldado

جندي

arquitecto

مهندس معماري

cajero

أمين صندوق

florista

بائع الزهور

peluquero

حلاق

cobrador

مراقب القطار

mecánico

ميكانيكي

capitán

قبطان

odontólogo

طبيب أسنان

científico

رجل العلم

rabino

حاخام

imam

إمام

monje

راهب

párroco

كاهن

herramientas
عدة عمل

martillo
مطرقة
tenazas
كمّاشة
destornillador
مفك البراغي
llave de tuercas
مفتاح ربط
lámpara de m
مصباح يد

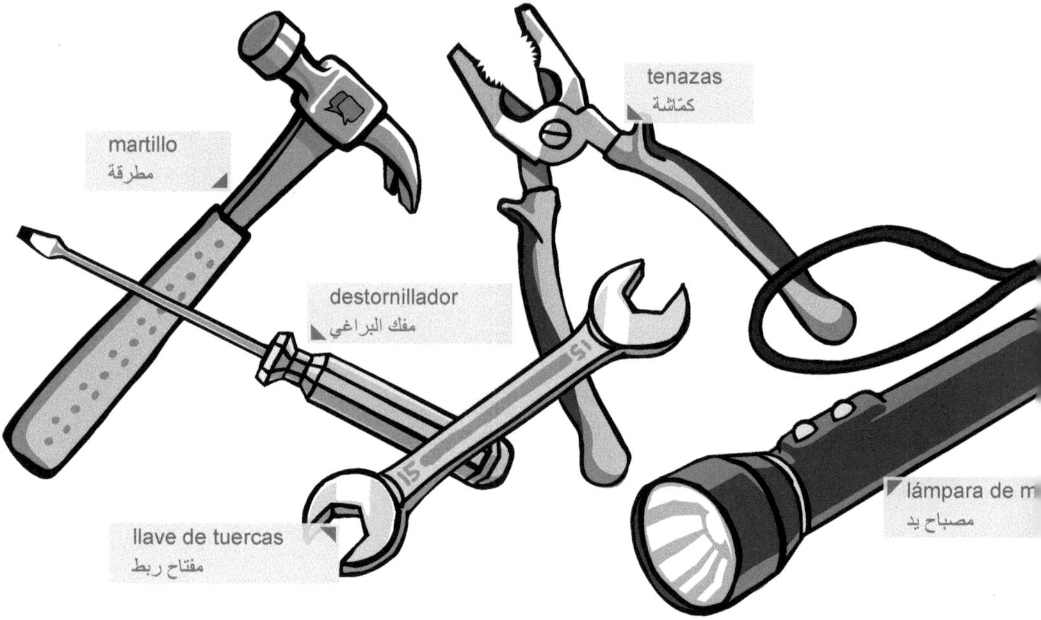

excavadora
جرافة

caja de herramientas
صندوق العدة

escalerilla
سلّم

serrucho
منشار

clavos
مسامير

taladro
مثقب

reparar

يصلح

pala

مجرفة

¡Maldición!

اللعنة

recogedor

لقاطة الكناسة

lata de pintura

سطل الألوان

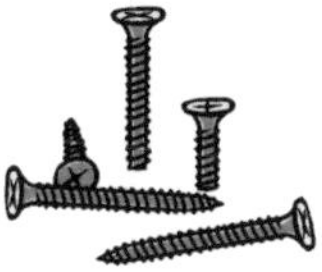

tornillos

براغي

instrumentos musicales

آلات موسيقية

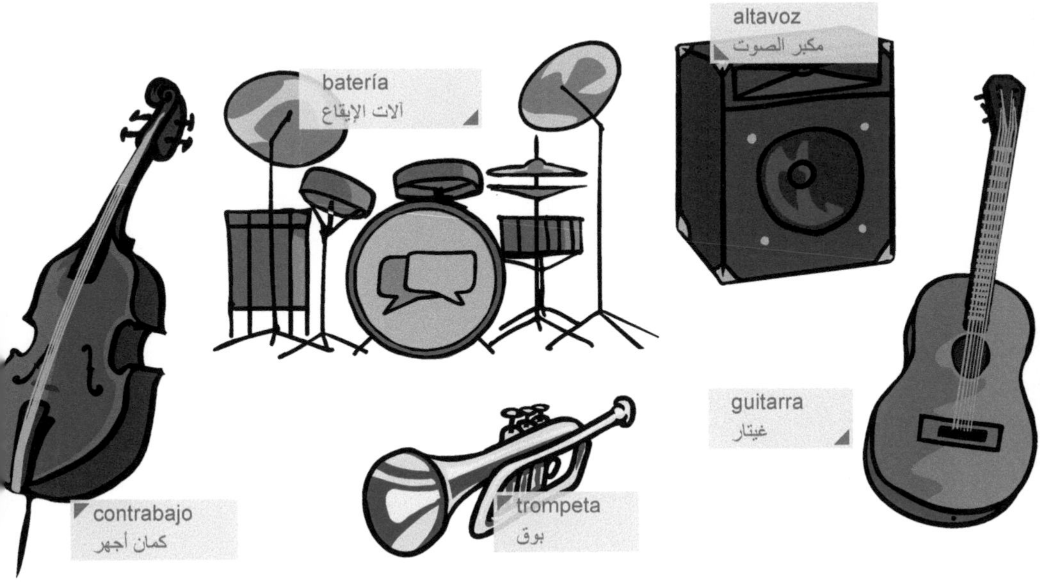

batería
آلات الإيقاع

altavoz
مكبر الصوت

guitarra
غيتار

contrabajo
كمان أجهر

trompeta
بوق

piano

بيانو

violín

كمنجة

bajo

جهير

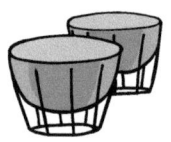

timbales

طبل كبير

tambor

طبل

teclado

بيانو كهربائي

saxofón

ساكسوفون

flauta

ناي

micrófono

ميكروفون

zoológico
حديقة حيوانات

tigre
نمر
jaula
قفص
cebra
حمار الوحش
comida para animales
علف للحيوانات
panda
دب باندا
entrada
مدخل

animales
حيوانات

elefante
فيل

canguro
كنغر

rinoceronte
وحيد القرن

gorila
غوريلا

oso
دب

camello

جمل

avestruz

نعامة

león

أسد

mono

قرد

flamengo

طائر فلامينغو

papagayo

ببغاء

oso polar

دب قطبي

pingüino

بطريق

tiburón

سمك القرش

pavo real

طاووس

serpiente

أفعى

cocodrilo

تمساح

cuidador del zoológico

حارس في حديقة الحيوان

foca

عجل البحر

jaguar

نمر أمريكي مرقط

pony

فرس قزم

leopardo

نمر

hipopótamo

فرس النهر

jirafa

زرافة

águila

نسر

jabalí

خنزير برّي

pescado

سمك

tortuga

سلحفاة

morsa

حيوان فظ البحري

zorro

ثعلب

gacela

غزال

deporte
رياضة

fútbol americano
كرة القدم الأمريكية
ciclismo
ركوب الدراجات
tenis
كرة التنس
baloncesto
كرة السلة
natación
السباحة
boxeo
الملاكمة
hockey sobre hielo
هوكي الجليد

fútbol

كرة القدم

badminton

الريشة الطائرة

atletismo

ألعاب القوى الخفيفة

balonmano

كرة اليد

esquí

التزلج على الثلج

polo

بولو

saltar
يقفز
abrazar
يعانق
reír
يضحك
caminar
يمشي
cantar
يغنّي
soñar
يحلم
rezar
يصلّي
besar
يقبل

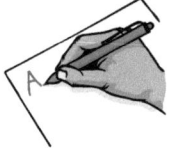

escribir

يكتب

dibujar

يرسم

mostrar

يُري

presionar

يدفع

dar

يعطي

tomar

يأخذ

tener

يملك

hacer

يعمل

ser

يوجد

estar de pie

يقف

correr

يركض

tirar

يسحب

arrojar

يرمي

caer

يقع

estar acostado

يستلقي

esperar

ينتظر

llevar

يحمل

estar sentado

يجلس

vestirse

يلبس

dormir

ينام

despertar

يستيقظ

mirar

ينظر إلى ..

llorar

يبكي

acariciar

يمسّد

peinarse

يمشّط

conversar

يتكلم

entender

يفهم

preguntar

يسأل

oír

يسمع

beber

يشرب

comer

يأكل

asear

يرتب

amar

يحب

cocinar

يطبخ

conducir

يقود

volar

يطير

navegar

يبحر بزورق شراعي

calcular

يحسب

leer

يقرأ

aprender

يتعلم

trabajar

يعمل

casarse

يتزوج

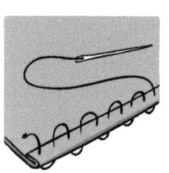

coser

يخيط

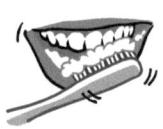

limpiarse los dientes

ينظف أسنانه

matar

يقتل

fumar

يدخّن

enviar

يرسل

familia
عائلة

abuela
جدّة
abuelo
جدّ
padre
أب
madre
أم
bebé
الطفل
hija
ابنة
hijo
ابن

invitado

ضيف

tía

عمّة / خالة

tío

عمّ / خال

hermano

أخ

hermana

أخت

cuerpo

الجسم

frente
الجبين
ojo
العين
hombro
الكتف
dedo
الإصبع
cara
الوجه
barbilla
الذقن
mano
اليد
pecho
الصدر
pierna
الساق
brazo
الذراع

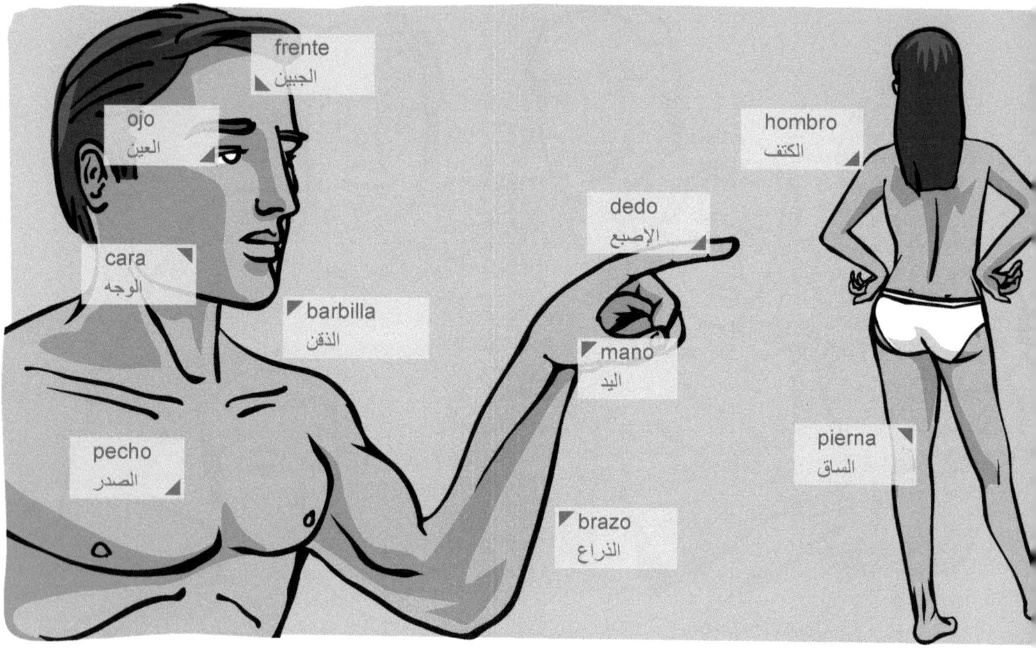

bebé

الطفل

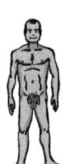

hombre

الرجل

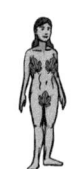

mujer

المرأة

muchacha

البنت

joven

الولد

cabeza

الرأس

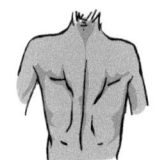

espalda

الظهر

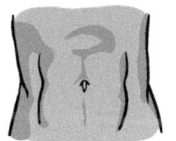

vientre

البطن

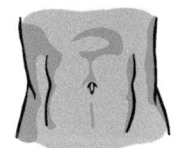

ombligo

السرّة

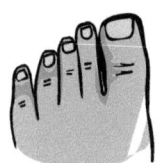

dedo del pie

إصبع القدم

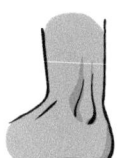

talón

الكعب

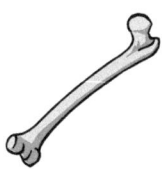

hueso

العظم

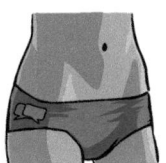

cadera

الورك

rodilla

الركبة

codo

المِرفق

nariz

الأنف

trasero

العَجُز

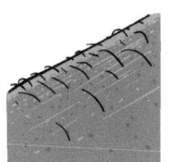

piel

البشرة

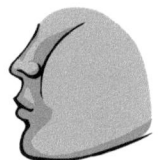

mejilla

الخد

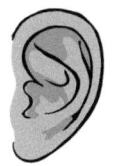

oreja

الأذن

labio

الشفة

boca

الفم

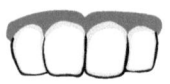

diente

السن

lengua

اللسان

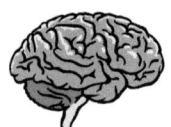

cerebro

الدماغ

corazón

القلب

músculo

العضلة

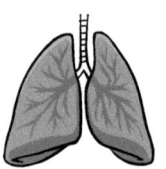

pulmón

الرئة

hígado

الكبد

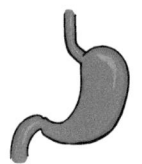

estómago

المعدة

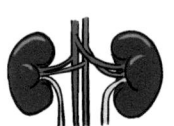

riñones

الكلى

relación sexual

الاتصال الجنسي

condón

الواقي المطاطي

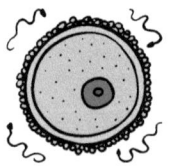

Óvulo

البويضة

esperma

المنيّ

embarazo

الحمل

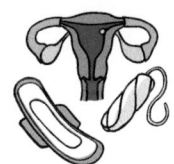

menstruación

الحيض

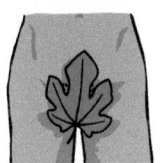

vagina

المهبل

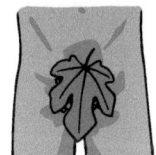

pene

القضيب

ceja

الحاجب

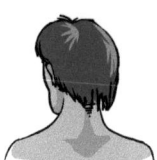

cabello

الشعر

cuello

الرقبة

hospital
المستشفى

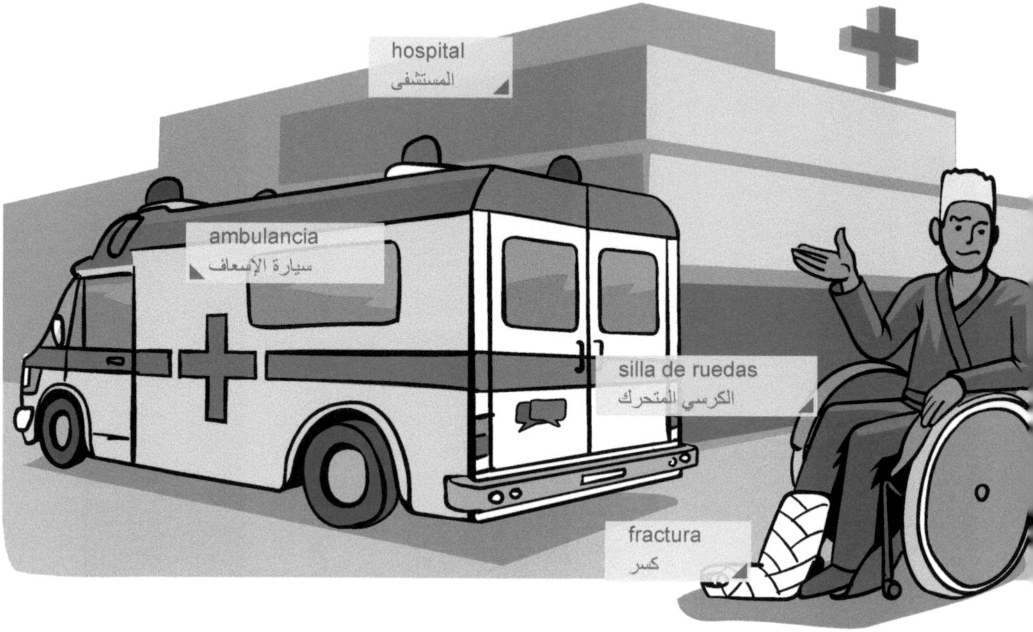

hospital
المستشفى
ambulancia
سيارة الإسعاف
silla de ruedas
الكرسي المتحرك
fractura
كسر

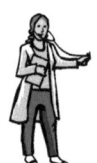

médico

الطبيب

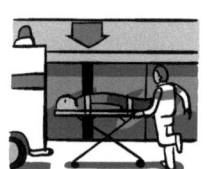

admisión de urgencia

غرفة الإسعاف

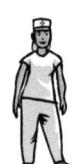

enfermera

الممرضة

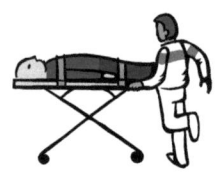

emergencia

حالة

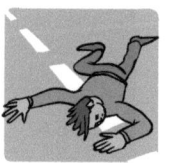

inconsciente

مغمى عليه

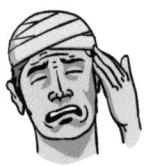

dolor

الألم

lesión

إصابة

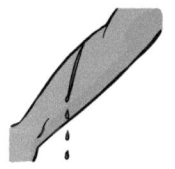

hemorragia

النزيف

infarto de miocardio

احتشاء القلب

apoplejía cerebral

جلطة

alergia

حسسية

tos

السعال

fiebre

الحُمَى

gripe

إنفلونزا

diarrea

الإسهال

dolor de cabeza

وجع الرأس

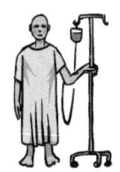

cáncer

السرطان

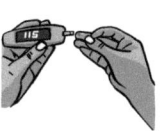

diabetes

مرض السكر

cirujano

جرّاح

escalpelo

مبضع

operación

عملية

TC
....
سيتي سكان

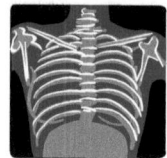

rayos X
....
الأشعة السينية

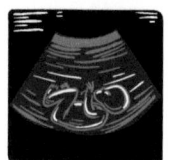

ultrasonido
....
فوق الصوتي

máscara
....
القناع

enfermedad
....
المرض

sala de espera
....
غرفة الانتظار

muleta
....
العُكاز

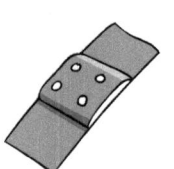

emplasto
....
شريط لاصق

vendaje
....
ضماد

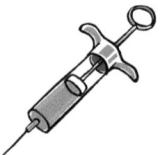

inyección
....
حقنة

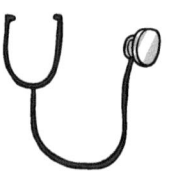

estetoscopio
....
سمّاعة الطبيب

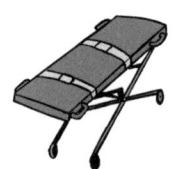

camilla
....
نقالة

termómetro
....
ميزان حرارة

nacimiento
....
ولادة

sobrepeso
....
وزن زائد

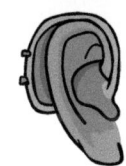

audífono

جهاز السمع

desinfectante

المواد المعقمة

infección

عدوى

virus

فيروس

VIH / SIDA

الإيدز

medicina

الطب

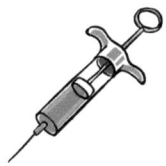

vacunación

اللقاح

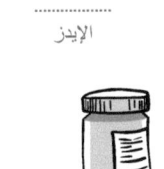

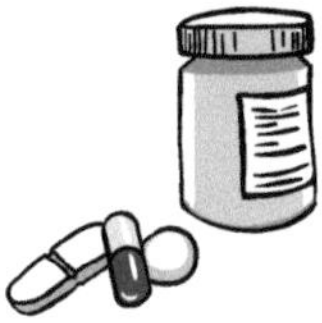

comprimido

أقراص الدواء

píldora anticonceptiva

حبّة الدواء

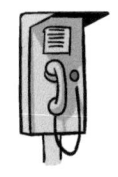

amada de emergencia

نداء النجدة

medidor de presión arterial

مقياس ضغط الدم

enfermo / saludable

مريض / صحيح

emergencia

حالة

¡Ayuda!

النجدة!

alarma

إنذار

asalto

اعتداء

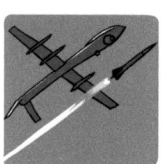

ataque

هجوم

peligro

خطر

salida de emergencia

مخرج طوارئ

¡Fuego!

حريق!

extintor

جهاز الإطفاء

accidente

حادث

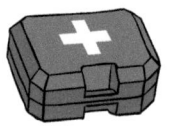

kit de primeros auxilios

حقيبة الإسعاف الأولي

SOS

أنقذونا

Policía

الشرطة

Europa

أوروبا

América del Norte

أمريكا الشمالية

América del Sur

أمريكا الجنوبية

África

أفريقيا

Asia

آسيا

Australia

أستراليا

Atlántico

المحيط الأطلسي

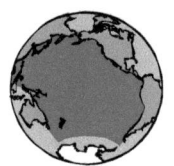

Pacífico

المحيط الهادي

Océano Índico

المحيط الهندي

Océano Antártico

المحيط المتجمد الجنوبي

Océano Ártico

المحيط المتجمد الشمالي

Polo Norte

القطب الشمالي

Polo Sur

القطب الجنوبي

Antártida

منطقة القطب الجنوبي

Tierra

أرض

país

بر

mar

بحر

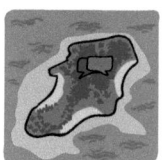

isla

جزيرة

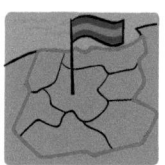

nación

أمة

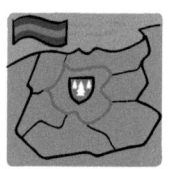

Estado

دولة

reloj
ساعة

cuadrante

ميناء الساعة

horario

عقرب الساعات

minutero

عقرب الدقائق

segundero

عقرب الثواني

¿Qué hora es?

كم الساعة الآن؟

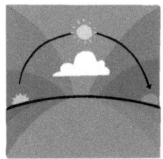

día

يوم

tiempo

زمن

ahora

الآن

reloj digital

ساعة رقمية

minuto

دقيقة

hora

ساعة

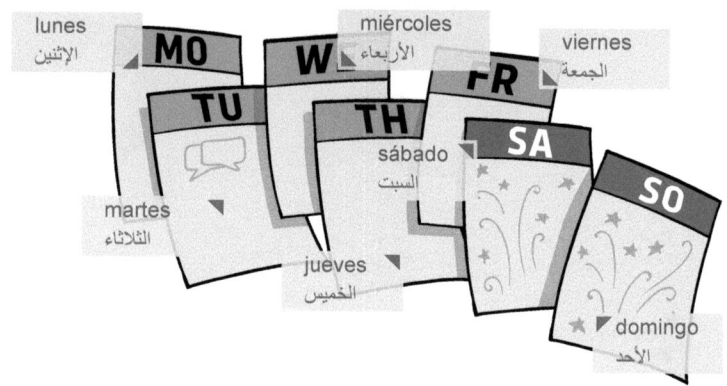

semana

أسبوع

lunes
الإثنين
miércoles
الأربعاء
viernes
الجمعة
MO
TU
TH
FR
SA
sábado
السبت
martes
الثلاثاء
jueves
الخميس
domingo
الأحد

1

ayer

الأمس

2

hoy

اليوم

mañana

غداً

mañana

الصباح

mediodía

الظهر

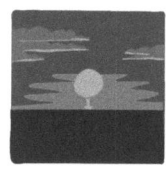

tarde

المساء

MO TU WE TH FR SA SU
1 2 3 4 5 6 7
8 9 10 11 12 13 14
15 16 17 18 19 20 21
22 23 24 25 26 27 28
29 30 31 1 2 3 4

jornada de trabajo

أيام العمل

MO TU WE TH FR SA SU
1 2 3 4 5 6 7
8 9 10 11 12 13 14
15 16 17 18 19 20 21
22 23 24 25 26 27 28
29 30 31 1 2 3 4

fin de semana

نهاية الأسبوع

lluvia
مطر
arco iris
قوس قزح
nieve
ثلج
viento
ريح
primavera
الربيع
otoño
الخريف
verano
الصيف
invierno
الشتاء

4.APRIL 11°
5.APRIL 4°
6.APRIL 13°
7.APRIL 8°
8.APRIL 10°

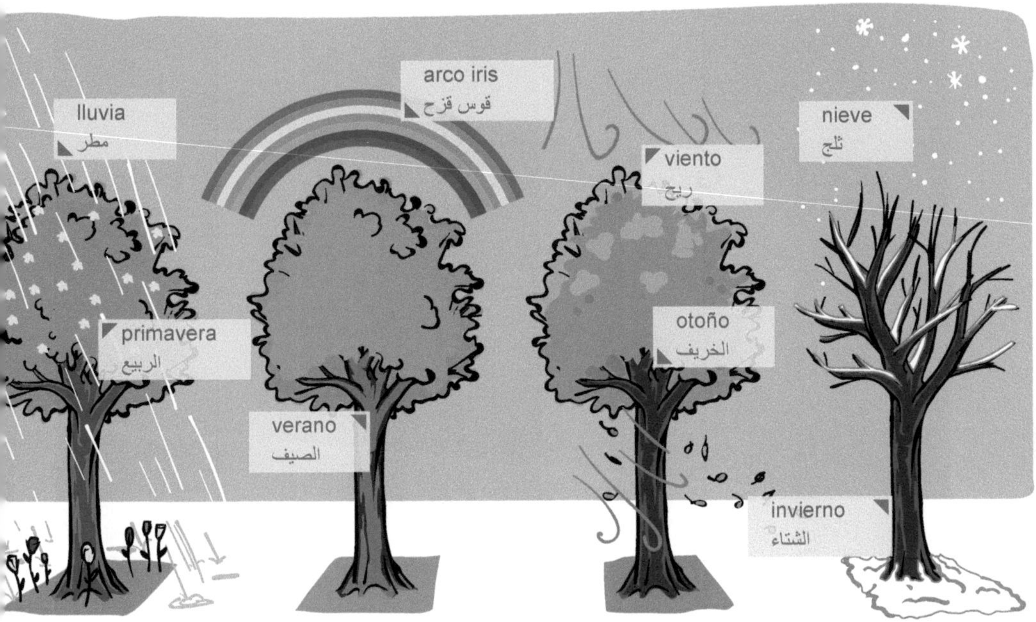

onóstico meteorológico
....
التنبؤ بالحالة الجوية

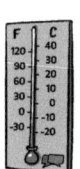

termómetro
....
مقياس حرارة

luz solar
....
ضوء الشمس

nube
....
سحابة

niebla
....
ضباب

humedad ambiente
....
رطوبة الجو

relámpago

برق

trueno

رعد

tormenta

عاصفة

granizo

بَرَد

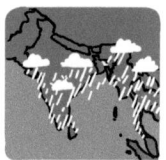

monzón

ريح موسمية

inundación

طوفان

hielo

جليد

enero

كانون الثاني / يناير

febrero

شباط / فبراير

marzo

آذار / مارس

abril

نيسان / أبريل

mayo

أيار / مايو

junio

حزيران / يونيو

julio

تموز / يوليو

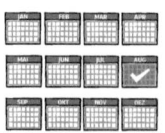

agosto

آب / أغسطس

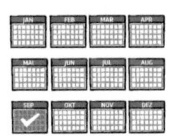

septiembre

أيلول / سبتمبر

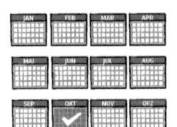

octubre

تشرين الأول / أكتوبر

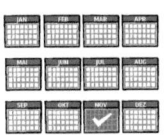

noviembre

تشرين الثاني / نوفمبر

diciembre

كانون الأول / ديسمبر

formas

أشكال

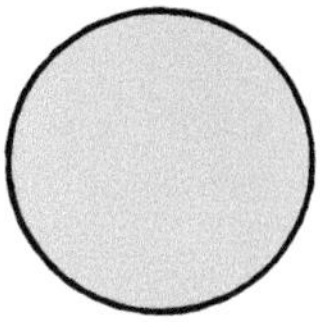

círculo

دائرة

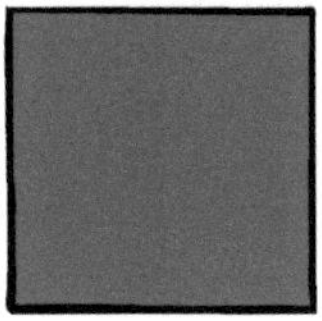

cuadrado

مربّع

rectángulo

مستطيل

triángulo

مثلث

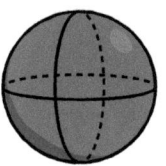

esfera

كرة

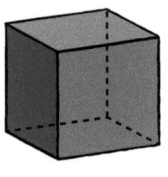

cubo

مكعب

colores

ألوان

blanco

أبيض

amarillo

أصفر

anaranjado

برتقالي

rosa

وردي

rojo

أحمر

lila

بنفسجي

azul

أزرق

verde

أخضر

marrón

بنّي

gris

رمادي

negro

أسود

mucho / poco
كثير / قليل

enojado / calmado
غضبان / هادئ

bonito / feo
جميل / قبيح

comienzo / fin
بداية / نهاية

grande / pequeño
كبير / صغير

claro / oscuro
فاتح / قاتم

hermano / hermana
أخ / أخت

limpio / sucio
نظيف / وسخ

completo / incompleto
كامل / ناقص

día / noche
نهار / ليل

muerto / vivo
ميت / حيّ

ancho / angosto
عريض / ضيّق

disfrutable / no disfrutable

صالح للأكل / غير صالح

malo / amigable

شرّير / لطيف

excitado / aburrido

مثير / ممل

gordo / delgado

سمين / نحيف

primero / último

أولاً / أخيراً

amigo / enemigo

صديق / عدو

lleno / vacío

مليء / فارغ

duro / suave

صلب / ليّن

pesado / liviano

ثقيل / خفيف

hambre / sed

جوع / عطش

enfermo / saludable

مريض / صحيح

ilegal / legal

غير شرعي / شرعي

inteligente / tonto

ذكي / غبي

izquierda / derecha

يسار / يمين

cercano / lejano

قريب / بعيد

nuevo / usado

جديد / مستعمل

nada / algo

لا شيء / بعض الشيء

viejo / joven

مسِن / شاب

encendido / apagado

يشعل / يطفئ

abierto / cerrado

مفتوح / مغلق

bajo / fuerte

خافت / عالٍ

rico / pobre

غني / فقير

correcto / incorrecto

صح / خطأ

áspero / liso

أحرش / املس

triste / alegre

حزين / سعيد

breve / extenso

قصير / طويل

lento / veloz

بطيء / سريع

mojado / seco

مبلول / جاف

caliente / frío

ساخن / بارد

guerra / paz

حرب / سلم

números
أرقام

0	1	2
cero	uno	dos
صفر	واحد	اثنان
3	4	5
tres	cuatro	cinco
ثلاثة	أربعة	خمسة
6	7	8
seis	siete	ocho
ستة	سبعة	ثمانية
9	10	11
nueve	diez	once
تسعة	عشرة	أحد عشر

12
doce

اثنا عشر

13
trece

ثلاثة عشر

14
catorce

أربعة عشر

15
quince

خمسة عشر

16
dieciséis

ستة عشر

17
diecisiete

سبعة عشر

18
dieciocho

ثمانية عشر

19
diecinueve

تسعة عشر

20
veinte

عشرون

100
cien

مائة

1.000
mil

ألف

1.000.000
millón

مليون

idiomas

اللغات

inglés

الإنكليزية

inglés estadounidense

الإنكليزية الأمريكية

chino mandarín

لغة ماندارين الصينية

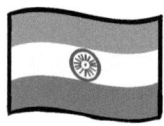

hindi

الهندية

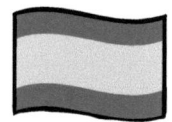

español

الإسبانية

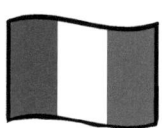

francés

الفرنسية

árabe

العربية

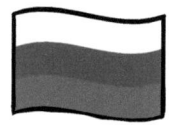

ruso

الروسية

portugués

البرتغالية

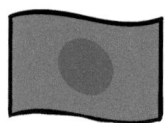

bengalí

البنغالية

alemán

الألمانية

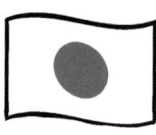

japonés

اليابانية

quién / qué / cómo
من / ماذا / كيف

yo

أنا

tú

أنت

él / ella

هو / هي

nosotros

نحن

vosotros

أنتم

ellos

هم

¿quién?

من؟

¿qué?

ماذا؟

¿cómo?

كيف؟

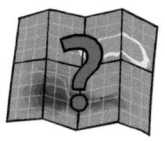

¿dónde?

أين؟

¿cuándo?

متى؟

nombre

اسم

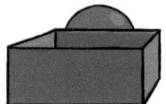

donde

أين

detrás

خلف

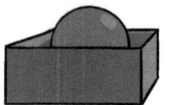

en

في

delante de

أمام

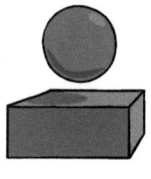

encima de

فوق

sobre

على

debajo de

تحت

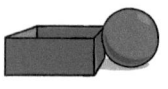

junto a

جنب

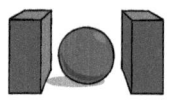

entre

بين

lugar

مكان